Little Mouse and the Lost Treasure and Other Stories: A Collection of Bilingual Polish-English Children's Stories

Coledown Bilingual Books

Published by Coledown Bilingual Books, 2023.

While every precaution has been taken in the preparation of this book, the publisher assumes no responsibility for errors or omissions, or for damages resulting from the use of the information contained herein.

LITTLE MOUSE AND THE LOST TREASURE AND OTHER STORIES: A COLLECTION OF BILINGUAL POLISH-ENGLISH CHILDREN'S STORIES

First edition. August 4, 2023.

ISBN: 979-8215577967

Written by Coledown Bilingual Books.

Table of Contents

Mały Książę Opowieści

Byli sobie trzy małe stworzenia: kudłata myszka o imieniu Kropka, pułapkowaty jeżyk imieniem Kolec, oraz szybki i lotny kolibr o imieniu Błysk. Razem mieszkały w lesie, który był pełen przygód i tajemnic.

Pewnego dnia, kiedy słońce właśnie zaczęło zachodzić za wzgórzami, Kropka, Kolec i Błysk postanowiły wyruszyć na wyprawę. Ich małe serca pełne były ciekawości, a ich duże oczy lśniły z niecierpliwości.

Podążając ścieżką pokrytą kolorowymi liśćmi, znalazły ukryty most nad krystalicznie czystym strumieniem. Most był niski i wąski, idealny dla małych stworzeń jak one. Kropka, Kolec i Błysk przeszły przez most, a na drugim brzegu spotkały skrzata o imieniu Śmieszek.

Śmieszek był starym i doświadczonym skrzatem, który znał wszystkie tajemnice tego lasu. Opowiedział trzem przyjaciołom o starożytnym dębie, który miał magiczne liście. Mówił, że ten, kto zobaczy na żywo, jak dąb rozkwita w pełni księżyca, otrzyma od niego życzenie, które się spełni.

Kropka, Kolec i Błysk były tak podekscytowane, że nie mogły się doczekać, aby znaleźć magiczny dąb. Wspólnie podążyli przez mroczny las, podśpiewując piosenki i żartując. Wkrótce usłyszeli szept drzew i szmer strumieni. Niebawem dotarli do miejsca, gdzie dąb miał rosnąć.

Kiedy wreszcie stanęli przed starożytnym dębem, były zachwyceni jego pięknem. Liście lśniły srebrzystym blaskiem, a drzewo wydawało się być magiczne. Wszystkie trzy stworzenia przybiły sobie piątki i spełniły swoje życzenia.

Kropka życzyła sobie, aby las zawsze był pełen przygód. Kolec życzył sobie, aby nigdy nie zgubić drogi w lesie. Natomiast Błysk życzył sobie, aby zawsze być w stanie pomagać innym i przynosić im radość.

Wtedy z dębu zaczęły opadać srebrzyste liście i zatańczyły wokół trzech przyjaciół. To była magia dębu, która spełniała ich życzenia. Kropka, Kolec i Błysk były przeszczęśliwe i obiecały sobie, że będą zawsze razem i dzieliły się przygodami.

Kiedy księżyc wspiął się na nocne niebo, trzy małe stworzenia wróciły do swojego przytulnego domku w lesie. Spędziły resztę wieczoru opowiadając sobie historie i planując następne przygody.

I tak, Kropka, Kolec i Błysk żyły długo i szczęśliwie, zawsze gotowe na nowe wyzwania i zawsze gotowe pomagać sobie nawzajem. To był początek wielu innych opowieści o ich niezwykłych przygodach w lesie pełnym magii i tajemnic.

Little Prince of Tales

Once upon a time, there were three little creatures: a furry mouse named Dot, a prickly hedgehog named Spike, and a swift and agile hummingbird named Flash. They lived together in a forest full of adventures and mysteries.

One day, as the sun began to set behind the hills, Dot, Spike, and Flash decided to embark on an expedition. Their little hearts were full of curiosity, and their big eyes sparkled with excitement.

Following a path covered in colorful leaves, they found a hidden bridge over a crystal-clear stream. The bridge was low and narrow, perfect for small creatures like them. Dot, Spike, and Flash crossed the bridge and on the other side, they met a gnome named Chuckles.

Chuckles was an old and experienced gnome who knew all the secrets of the forest. He told the three friends about an ancient oak tree that had magical leaves. He said that whoever witnessed the oak blossoming under the full moon would receive a wish that would come true.

Dot, Spike, and Flash were so thrilled that they couldn't wait to find the magical oak. Together, they journeyed through the dark forest, singing songs and cracking jokes. Soon, they heard the whispers of the trees and the murmurs of the streams. Before long, they arrived at the spot where the oak was supposed to grow.

When they finally stood before the ancient oak, they were amazed by its beauty. The leaves shimmered with a silvery glow, and the tree seemed truly magical. All three creatures high-fived each other and made their wishes.

Dot wished for the forest to always be full of adventures. Spike wished to never lose his way in the woods. Meanwhile, Flash wished to always be able to help others and bring them joy.

Then, silver leaves began to fall from the oak and danced around the three friends. It was the oak's magic, fulfilling their wishes. Dot, Spike, and Flash were overjoyed and promised each other that they would always stick together and share their adventures.

As the moon rose in the night sky, the three little creatures returned to their cozy cottage in the forest. They spent the rest of the evening telling stories and planning their next adventures.

And so, Dot, Spike, and Flash lived happily ever after, always ready for new challenges and always ready to help each other. This was just the beginning of many other tales of their extraordinary adventures in a forest full of magic and mysteries.

Wielki Przygody Małej Lisy

Był sobie las pełen magicznych stworzeń i kolorowych kwiatów. W tym lesie mieszkała Mała Lisa - mała i sprytna lisa o pięknej rudej sierści. Mała Lisa była niezwykle ciekawa świata i uwielbiała odkrywać nowe miejsca.

Pewnego dnia, gdy słońce świeciło jasno na niebie, Mała Lisa postanowiła wyruszyć na wielką przygodę. Włożyła swój najbardziej elegancki kapelusz, który miała odziedziczony po swojej babci, i ruszyła w las.

Podczas swojej wędrówki spotkała trzy inne zwierzęta: Skrzata Kuba, który zawsze nosił na głowie wysoki kapelusz z piórami, Roztargnionego Królika, który ciągle gubił swoje zegary, i Wesołego Żabę, która zawsze skakała i robiła fikołki.

Wszyscy razem postanowili wyruszyć na wspólną przygodę. Podążali ścieżkami, przeskakiwali przez strumienie i wspólnie odkrywali zakamarki tego niezwykłego lasu. Na swojej drodze spotkali tajemniczą Starą Sowę, która znała wszystkie opowieści i legendy lasu.

Stara Sowa opowiedziała im o legendarnym Skarbie Kryształowego Jeziora, który miał spełniać najskrytsze życzenia. Jednakże, aby go odnaleźć, musieli pokonać trzy wyzwania: Odwagę, Mądrość i Przyjaźń.

Pierwsze wyzwanie, Odwaga, polegało na odnalezieniu ukrytego skarbu na najwyższym szczycie góry. Mała Lisa, Skrzat Kuba,

Roztargniony Królik i Wesoła Żaba wspólnie wspięli się na górę, pokonując wszelkie przeciwności.

Drugie wyzwanie, Mądrość, wymagało rozwiązania zagadki ukrytej w starych ruinach. Dzięki inteligencji Małej Lisy i pomysłowości pozostałych zwierząt, szybko znaleźli odpowiedź i zdobyli kolejną wskazówkę.

Ostatnie wyzwanie, Przyjaźń, wymagało solidarności i zrozumienia między nimi. Wspólnie rozwiązali konflikt, który ich podzielił, i uznali, że przyjaźń jest najcenniejszym skarbem.

W końcu, po długiej i ekscytującej podróży, dotarli do Kryształowego Jeziora. Jezioro było olśniewające, a jego woda lśniła jak tysiące klejnotów. Mała Lisa, Skrzat Kuba, Roztargniony Królik i Wesoła Żaba zanurzyli dłonie w jeziorze i wspólnie wygłosili swoje życzenia.

Mała Lisa życzyła sobie, aby las zawsze był pełen uśmiechu. Skrzat Kuba życzył sobie, aby mógł pomóc każdemu potrzebującemu. Roztargniony Królik życzył sobie, aby nigdy więcej nie gubić swoich zegarów. Wesoła Żaba życzyła sobie, aby ich przyjaźń trwała wiecznie.

Woda Kryształowego Jeziora zaczęła się lekko trząść, a potem rozchodziły się fale dookoła, jakby jezioro odpowiadało na ich życzenia. Magia Kryształowego Jeziora spełniła wszystkie ich pragnienia, a cztery przyjaciółki poczuły, jak ich serca napełniają się radością.

Od tego dnia Mała Lisa, Skrzat Kuba, Roztargniony Królik i Wesoła Żaba stali się nierozłącznymi przyjaciółmi i wspólnie odkrywali magiczny las, pełen przygód i tajemnic. Ich wspomnienia i przygody opowiedziały dzieciom i zwierzętom w lesie, czyniąc z nich legendy, które przetrwają wiecznie.

The Great Adventures of Little Fox

Once upon a time, there was a forest filled with magical creatures and colorful flowers. In this forest lived Little Fox - a small and clever fox with a beautiful red coat. Little Fox was incredibly curious about the world and loved to explore new places.

One day, as the sun shone brightly in the sky, Little Fox decided to embark on a great adventure. She put on her most elegant hat, inherited from her grandmother, and set off into the woods.

During her journey, she met three other animals: Gnome Jack, who always wore a tall hat with feathers, Absent-Minded Rabbit, who constantly lost his watches, and Cheerful Frog, who always hopped and performed somersaults.

They all decided to go on an adventure together. They followed the paths, jumped over streams, and discovered the nooks and crannies of this extraordinary forest. Along their way, they met the mysterious Old Owl, who knew all the stories and legends of the forest.

The Old Owl told them about the legendary Crystal Lake Treasure, which was said to grant the deepest wishes. However, to find it, they had to overcome three challenges: Courage, Wisdom, and Friendship.

The first challenge, Courage, involved finding the hidden treasure at the top of the tallest mountain. Little Fox, Gnome

Jack, Absent-Minded Rabbit, and Cheerful Frog climbed the mountain together, overcoming all obstacles.

The second challenge, Wisdom, required solving a riddle hidden in ancient ruins. Thanks to Little Fox's intelligence and the resourcefulness of the other animals, they quickly found the answer and gained another clue.

The last challenge, Friendship, demanded solidarity and understanding between them. They resolved a conflict that divided them and realized that friendship was the most valuable treasure.

Finally, after a long and exciting journey, they reached the Crystal Lake. The lake was breathtaking, and its water sparkled like thousands of gems. Little Fox, Gnome Jack, Absent-Minded Rabbit, and Cheerful Frog dipped their hands into the lake and together made their wishes.

Little Fox wished for the forest to always be full of smiles. Gnome Jack wished to be able to help everyone in need. Absent-Minded Rabbit wished to never lose his watches again. Cheerful Frog wished for their friendship to last forever.

The water of the Crystal Lake began to tremble slightly, and then waves spread all around, as if the lake was responding to their wishes. The magic of the Crystal Lake fulfilled all their desires, and the four friends felt their hearts fill with joy.

From that day on, Little Fox, Gnome Jack, Absent-Minded Rabbit, and Cheerful Frog became inseparable friends and together explored the magical forest, full of adventures and mysteries. Their memories and adventures became legends that they would share with children and animals in the forest, making them stories that would endure forever.

Tajemniczy Dom na Skale

Dawno, dawno temu, w lesie ukryta była tajemnicza skala. Na szczycie tej skały stał stary i zapomniany dom. Był to Dom na Skale. Nikt nie wiedział, jak długo już tam stał ani kto kiedyś w nim mieszkał. Był to domek pełen tajemnic.

Jednego dnia, w lesie zamieszkała mała żabka o imieniu Skoczek. Była to żabka pełna energii, która uwielbiała wszędzie skakać. Skoczek dowiedziała się o tajemniczym Domu na Skale od Starej Sowy, która znała wszystkie historie i legendy tego lasu.

Skoczek była niezwykle ciekawa tego starego domu, więc postanowiła go odwiedzić. Wyruszyła w podróż przez gęste drzewa i krzaczaste zarośla, aż w końcu znalazła się u stóp skały. Wyglądała na to, że nikt od dawna nie próbował dostać się na jej szczyt.

Nieustraszona, Skoczek zacisnęła swoje małe łapki i wspięła się na szczyt. Gdy dotarła do drzwi, przestraszyła się lekko, bo krzyknęły lekko w momencie, kiedy próbowała je otworzyć. Ale szybko zrozumiała, że to tylko krzeszą swoje stare zawiasy po długim okresie bez ruchu.

Weszła do środka i zobaczyła, że wewnątrz było niesamowicie pięknie. Na ścianach wisiały stare obrazy, a na podłodze stał stary, zakurzony fortepian. W jednym z kątów stała stara, drewniana szafa, która była zamknięta na klucz.

Skoczek był bardzo ciekawy, co znajduje się w szafie, więc postanowił znaleźć klucz. Przeszukała cały dom i w końcu, pod miękkim dywanem, znalazła mały, złoty kluczyk. Wróciła do szafy i otworzyła ją.

Kiedy szafa się otworzyła, Skoczek zobaczyła niesamowity widok. Była tam stara, zakurzona książka, a na jej okładce widniał napis "Opowieści ze Starego Domu". Skoczek usiadła na podłodze i zaczęła czytać.

Opowieści były niesamowite i pełne magii. Opowiadały o dawnych mieszkańcach Domu na Skale, którzy byli baśniowymi istotami. Były opowieści o wróżkach, elfach, i dziwnych stworzeniach, które kiedyś mieszkały w lesie.

Skoczek był tak pochłonięty czytaniem, że nawet nie zauważył, kiedy zapadł zmrok. Ale nie był sam. Niespodziewanie pojawił się mały skrzat o imieniu Skrzatek. Był to skrzat z Domu na Skale, który przyszedł, by posłuchać opowieści.

Skoczek z uśmiechem powitał Skrzatka i podzielili się ze sobą swoimi ulubionymi historiami. Spędzili całą noc, opowiadając sobie fantastyczne opowieści i śmiejąc się do białego rana.

Od tego czasu Skoczek i Skrzatek stali się najlepszymi przyjaciółmi. Spędzali wiele czasu razem, eksplorując tajemniczy Dom na Skale i słuchając starych opowieści. Było to początek wielu przygód i niesamowitych historii, które zapisane zostały w książce "Opowieści ze Starego Domu".

I tak, Dom na Skale odzyskał swoją magię i stał się miejscem pełnym radości i przyjaźni. Skoczek i Skrzatek kontynuowali swoje przygody, a opowieści ze Starego Domu były przekazywane z pokolenia na pokolenie, czyniąc z tego miejsca niezwykłe i pełne magii.

15

The Mysterious House on the Cliff

Long, long ago, in a forest, there was a hidden cliff with a mysterious house on top. It was the House on the Cliff. No one knew how long it had stood there or who once lived in it. It was a cottage full of secrets.

One day, a little frog named Hopper moved into the forest. Hopper was full of energy and loved to jump everywhere. She heard about the mysterious House on the Cliff from Old Owl, who knew all the stories and legends of the forest.

Hopper was incredibly curious about the old house, so she decided to visit it. She embarked on a journey through dense trees and bushy shrubs until she found herself at the foot of the cliff. It seemed that no one had tried to reach its top for a long time.

Fearless, Hopper tightened her tiny paws and climbed to the top. When she reached the door, she got a slight scare because it creaked when she tried to open it. But she quickly realized that it was just the hinges groaning after a long period of inactivity.

She entered the house and saw that it was incredibly beautiful inside. Old paintings adorned the walls, and a dusty piano stood on the floor. In one corner, there was an old, wooden wardrobe that was locked.

Hopper was very curious about what was inside the wardrobe, so she decided to find the key. She searched the entire house and finally, under a soft rug, she found a small, golden key. She returned to the wardrobe and opened it.

As the wardrobe opened, Hopper saw an incredible sight. Inside, there was an old, dusty book with the inscription "Tales from the Old House." Hopper sat down on the floor and started reading.

The tales were amazing and full of magic. They told stories of the former inhabitants of the House on the Cliff, who were mythical creatures. There were stories about fairies, elves, and strange creatures that once lived in the forest.

Hopper was so engrossed in reading that she didn't even notice when night fell. But she wasn't alone. Suddenly, a little gnome named Tinker appeared. He was a gnome from the House on the Cliff who came to listen to the tales.

Hopper greeted Tinker with a smile, and they shared their favorite stories with each other. They spent the entire night, telling fantastic tales and laughing until dawn.

From that day on, Hopper and Tinker became the best of friends. They spent a lot of time together, exploring the mysterious House on the Cliff, and listening to the old tales. It was the beginning of many adventures and incredible stories, which were written in the book "Tales from the Old House."

And so, the House on the Cliff regained its magic and became a place full of joy and friendship. Hopper and Tinker continued their adventures, and the tales from the Old House were passed down from generation to generation, making it a place extraordinary and full of magic.

Zaczarowany Labirynt

Była sobie mała dziewczynka o imieniu Zuzia. Zuzia mieszkała w małej, urokliwej wiosce, w której wszystkie domy miały kolorowe dachy i zadbane ogródki. Jednak najbardziej interesował ją stary park w centrum wioski. W parku rosły niskie żywopłoty i wielkie drzewa, które kryły w sobie tajemnice.

W pewien słoneczny dzień, kiedy wiosna rozkwitała w pełni, Zuzia postanowiła odkryć tajemnicę starego parku. Włożyła swoją ulubioną czerwoną pelerynę i ruszyła w drogę. W parku czekała na nią niespodzianka - ogromny labirynt z żywopłotów.

Zuzia była podekscytowana. Wprowadziła się do labiryntu, ale nie spodziewała się, że będzie to taki trudny wybór. Ścieżki były zawiłe i skomplikowane, a rośliny chciały ją zmylić. Ale Zuzia nie poddawała się. Miała niesamowitą wyobraźnię i umiała znaleźć drogę nawet w najtrudniejszych sytuacjach.

W miarę jak przemierzała labirynt, odkrywała różne magiczne zakamarki. Spotkała tam krasnoludki, które zapraszały ją na herbacianki, i małego jelonka, który chciał się z nią bawić w chowanego. Była to przygoda pełna uśmiechu i radości.

W końcu, po wielu zakrętach i przejściach, Zuzia stanęła przed sekretnym miejscem. Wysoka, żelazna brama wiodła do ukrytego ogrodu, który był pełen kwiatów o intensywnych barwach. Był to Ogród Marzeń.

W Ogródku Marzeń rosły magiczne kwiaty, które były zdolne spełniać życzenia. Zuzia pomyślała o tym, co chciałaby najbardziej. Pragnęła, aby wszyscy w jej wiosce byli zawsze szczęśliwi i zdrowi. Skupiła się, zamknęła oczy i życzyła sobie to z całego serca.

Nagle z kwiatów wydobył się jasny blask, a magiczna iskra rozprzestrzeniła się po całym ogrodzie. To było magiczne miejsce, które spełniało dobre życzenia.

Kiedy Zuzia wyszła z Ogródka Marzeń, zauważyła, że słońce jeszcze piękniej świeci na niebie, a kwiaty w parku rozkwitły intensywniejszymi kolorami. Czuła, że tajemniczy labirynt i Ogródek Marzeń sprawiły, że jej wioska stała się jeszcze piękniejsza.

Zuzia wróciła do domu z uśmiechem na twarzy. Podzieliła się swoją przygodą z rodziną i przyjaciółmi. Wioska była pełna radości, a wszyscy dziękowali Zuzi za jej dobre serce.

Od tego czasu, tajemniczy labirynt i Ogródek Marzeń były miejscem spotkań dla wszystkich dzieci z wioski. Razem odkrywali nowe przygody, dzielili się marzeniami i czerpali radość z magicznego parku.

I tak, Zuzia i jej przyjaciele żyli długo i szczęśliwie, dzieląc się magią tajemniczego labiryntu i Ogródka Marzeń z kolejnymi pokoleniami. Ich wioska była pełna miłości i magii, a to wszystko dzięki małej dziewczynce o wielkim sercu.

The Enchanted Maze

Once upon a time, there was a little girl named Suzie. Suzie lived in a small, charming village where all the houses had colorful roofs and well-kept gardens. However, she was most intrigued by the old park in the center of the village. In the park, low hedges and large trees grew, concealing secrets within.

On a sunny day, when spring was in full bloom, Suzie decided to uncover the mystery of the old park. She put on her favorite red cape and set off on her journey. A surprise awaited her in the park - a huge maze made of hedges.

Suzie was excited. She entered the maze but didn't expect it to be so challenging. The paths were winding and complicated, and the plants seemed to want to confuse her. But Suzie didn't give up. She had an incredible imagination and could find her way even in the most difficult situations.

As she journeyed through the maze, she discovered various magical corners. She met gnomes who invited her to tea parties and a little deer who wanted to play hide and seek with her. It was an adventure filled with smiles and joy.

Finally, after many twists and turns, Suzie stood before a secret place. A tall iron gate led to a hidden garden, which was full of flowers in vibrant colors. It was the Garden of Dreams.

In the Garden of Dreams, magical flowers grew, capable of granting wishes. Suzie thought about what she wanted the most.

She wished for everyone in her village to always be happy and healthy. She focused, closed her eyes, and made the wish from her heart.

Suddenly, a bright glow emanated from the flowers, and a magical spark spread throughout the garden. It was a magical place that granted good wishes.

When Suzie left the Garden of Dreams, she noticed that the sun was shining even more beautifully in the sky, and the flowers in the park bloomed with more intense colors. She felt that the mysterious maze and the Garden of Dreams made her village even more beautiful.

Suzie returned home with a smile on her face. She shared her adventure with her family and friends. The village was filled with joy, and everyone thanked Suzie for her kind heart.

From that day on, the mysterious maze and the Garden of Dreams became meeting places for all the children in the village. Together, they discovered new adventures, shared their dreams, and found joy in the magical park.

And so, Suzie and her friends lived happily ever after, sharing the magic of the mysterious maze and the Garden of Dreams with the next generations. Their village was filled with love and magic, all thanks to the little girl with a big heart.

Tajemnicza Wyprawa Małego Odkrywcy

Był sobie mały chłopiec o imieniu Filip. Filip mieszkał w urokliwej wiosce, w której każdy dzień był pełen radości. Wioska ta była otoczona zielonymi wzgórzami, a na jednym z nich stał stary i tajemniczy zamek. To było Zamczysko Tajemnic.

Filip uwielbiał słuchać opowieści o zamku, które snuli starsi mieszkańcy wioski. Mówiono, że w Zamczysku Tajemnic ukryty jest skarb, ale aby go odnaleźć, trzeba przejść przez niebezpieczny las i pokonać wiele przeszkód. Nikt jednak nie miał odwagi, by się tam wybrać.

Ale Filip nie bał się wyzwań. Miał w sobie odwagę małego odkrywcy i marzył o wielkiej przygodzie. Pewnego ranka, gdy słońce pięknie świeciło, Filip postanowił, że odnajdzie skarb Zamczyska Tajemnic.

Zapakował prowiant do plecaka i ruszył w drogę. Przechodził przez malownicze pola i lasy, aż w końcu dotarł do bramy Zamczyska Tajemnic. Brama była stara i masywna, ale Filip nie dał się zrazić. Postawił na ziemię mały kamień, który miał użyć jako swojego sprzymierzeńca.

Gdy brama powoli się otwierała, Filip wszedł na dziedziniec zamku. Wszystko wokół było pokryte pięknymi kolorowymi kwiatami, ale Filip wiedział, że to dopiero początek wyprawy.

Podążając starymi korytarzami, dotarł do niebezpiecznego lasu. Drzewa wydawały się przerażające, a ptaki skrzeczały dziwnymi głosami. Filip nie bał się. Wiedział, że musi być silny i odważny, by zdobyć skarb.

W lesie napotkał wielką skałę, która zamykała drogę. Ale Filip nie tracił nadziei. Użył swojego sprzymierzeńca - małego kamienia - aby wyważyć skałę. Wkrótce droga była wolna, a on mógł kontynuować swoją wyprawę.

Podążając za starymi mapami, dotarł do bramy strzeżonej przez potężnego smoka. Ale Filip nie zamierzał się poddać. Znalazł na ziemi kamień w kształcie jajka smoka i postanowił go wykorzystać. Podsunął jajko smokowi, który wziął je za własne, co pozwoliło Filipowi na przejście przez bramę.

Kolejne przeszkody pojawiały się na drodze Filipa, ale on nie przestawał i nie poddawał się. W końcu dotarł do skarbca Zamczyska Tajemnic. Było to miejsce pełne klejnotów, złota i cennych skarbów.

Ale najcenniejszym skarbem, który Filip odkrył, była odwaga, siła i wiara w siebie. Przez swoją odwagę i wytrwałość, stał się prawdziwym małym odkrywcą.

Gdy Filip wrócił do wioski, wszystkie dzieci wiedziały o jego odważnej wyprawie. Wszyscy go podziwiali i świętowali jego sukces. I od tego czasu Filip był bohaterem wioski, a opowieści o jego przygodach były przekazywane z pokolenia na pokolenie.

I tak, mały Filip nauczył wszystkich, że odwaga i determinacja pozwalają pokonać każdą przeszkodę i spełnić największe marzenia. Zamczysko Tajemnic stało się symbolem odwagi i wiary, a Filip na zawsze pozostał małym bohaterem w sercach mieszkańców wioski.

25

The Mysterious Journey of the Little Explorer

Once upon a time, there was a little boy named Filip. Filip lived in a charming village where every day was filled with joy. This village was surrounded by green hills, and on one of them stood an old and mysterious castle. It was the Enchanted Castle.

Filip loved listening to stories about the castle, which the older villagers told. They said that a treasure was hidden in the Enchanted Castle, but to find it, one had to pass through a dangerous forest and overcome many obstacles. However, no one had the courage to venture there.

But Filip wasn't afraid of challenges. He had the bravery of a little explorer and dreamed of a great adventure. One morning, when the sun was shining brightly, Filip decided that he would find the treasure of the Enchanted Castle.

He packed some provisions in his backpack and set off on his journey. He walked through picturesque fields and forests until he finally reached the gate of the Enchanted Castle. The gate was old and massive, but Filip didn't let it discourage him. He placed a small stone on the ground, which he would use as his ally.

As the gate slowly opened, Filip stepped into the castle courtyard. Everything around was covered with beautiful colorful flowers, but Filip knew that it was just the beginning of his expedition.

Following old corridors, he reached the dangerous forest. The trees seemed intimidating, and the birds screeched with strange sounds. But Filip wasn't afraid. He knew that he had to be strong and courageous to obtain the treasure.

In the forest, he encountered a huge rock that blocked his way. But Filip didn't lose hope. He used his ally - the small dragon-shaped stone - to leverage the rock. Soon, the path was clear, and he could continue his journey.

Following the old maps, he arrived at a gate guarded by a powerful dragon. But Filip didn't intend to give up. He found a dragon-shaped stone on the ground and decided to use it. He offered the stone to the dragon, which took it as its own, allowing Filip to pass through the gate.

More obstacles appeared on Filip's path, but he didn't stop or give up. Eventually, he reached the treasure chamber of the Enchanted Castle. It was a place filled with jewels, gold, and precious treasures.

But the most valuable treasure that Filip discovered was courage, strength, and belief in himself. Through his bravery and perseverance, he became a true little explorer.

When Filip returned to the village, all the children knew about his daring journey. They admired him and celebrated his success. From that day on, Filip was a hero in the village, and stories of his adventures were passed down from generation to generation.

And so, little Filip taught everyone that courage and determination can overcome any obstacle and fulfill the greatest dreams. The Enchanted Castle became a symbol of courage and faith, and Filip remained a little hero in the hearts of the villagers forever.

29

Mały Myszkowiec i Zagubiony Skarb

Była sobie mała myszka o imieniu Maks. Maks mieszkał w starej kamienicy, gdzie wraz z rodziną prowadził sklepik z serem. Był to najmniejszy sklepik w całym mieście, ale wesołość i uśmiech zawsze go wypełniały.

Pewnego dnia, kiedy słońce świeciło jasno na niebie, Maks odnalazł stary, zagubiony skarb. Chodziło o tajemniczą starą mapę, na której zaznaczone były skomplikowane znaki i wskazówki. Maks był pewien, że to mapa prowadzi do ukrytego skarbu.

Z podekscytowaniem ukrytym w serduszku, Maks postanowił podzielić się tajemnicą z rodziną. Wszyscy przyglądali się mapie, próbując odczytać skomplikowane znaki. Była to pierwsza raz, gdy Maks, jego mama, tata, i siostrzyczka, Weronika, wybrali się razem na wielką przygodę.

Zgodnie z wskazówkami na mapie, musieli pokonać trzy wyzwania, aby dotrzeć do skarbu. Pierwsze wyzwanie to strome wzgórze, z którego widać było całe miasto. Rodzina myszków wspólnie wspięła się na wzgórze, a z góry podziwiali malownicze widoki.

Drugie wyzwanie to tajemniczy las, pełen starodrzewu i zaczarowanych ścieżek. Byli na dobrą drodze, ale nagle zgubili trasę. Jednak Maks, mając spryt w sercu, znalazł właściwą ścieżkę, która zaprowadziła ich na właściwy szlak.

Ostatnie wyzwanie to stary, zrujnowany most, który prowadził do wyspy na środku jeziora. Most był stary i kruchy, a każdy krok był ostrożnie odmierzany. Cała rodzina podtrzymywała się nawzajem, by bezpiecznie dotrzeć do skarbu.

W końcu, po wielu perypetiach i ekscytujących chwilach, Maks i jego rodzina dotarli do ukrytego miejsca. Był to stary skrzynia zapełniona złotem, klejnotami i cennymi przedmiotami. Był to ich skarb.

Ale Maks i jego rodzina zdali sobie sprawę, że prawdziwym skarbem było ich wspólne doświadczenie, przygoda i miłość, jaką dzielili ze sobą. Nie potrzebowali milionów klejnotów, by być szczęśliwymi.

Wrócili do swojego sklepiku z serem, a mapa została oprawiona i zawieszona na ścianie, jako pamiątka ich niesamowitej przygody. Maks i jego rodzina byli teraz bardziej zjednoczeni niż kiedykolwiek wcześniej, gotowi stawić czoła każdej nowej przygodzie, która na nich czekała.

I tak, mały Maks i jego rodzina nauczyli się, że skarby nie zawsze muszą być materialne, a prawdziwe bogactwo tkwi w miłości, przyjaźni i wspólnych chwilach spędzonych z najbliższymi.

Little Mouse and the Lost Treasure

There was a little mouse named Max. Max lived in an old stone house where he ran a cheese shop with his family. It was the smallest shop in the whole town, but it was always filled with joy and smiles.

One day, when the sun was shining brightly in the sky, Max discovered an old, lost treasure. It was a mysterious old map with complicated symbols and clues. Max was sure that the map led to a hidden treasure.

Excited, Max decided to share the secret with his family. They all looked at the map, trying to decipher the complicated symbols. It was the first time Max, his mom, dad, and little sister Veronica went on a big adventure together.

According to the clues on the map, they had to overcome three challenges to reach the treasure. The first challenge was a steep hill from which the entire town could be seen. The mouse family climbed the hill together and admired the picturesque views from the top.

The second challenge was a mysterious forest, full of ancient trees and enchanted paths. They were on the right track, but suddenly, they lost their way. However, Max, with wit in his heart, found the correct path that led them back on track.

The last challenge was an old, ruined bridge that led to an island in the middle of the lake. The bridge was old and fragile, and every step was cautiously measured. The whole family supported each other to safely reach the treasure.

Finally, after many adventures and exciting moments, Max and his family reached the hidden place. It was an old chest filled with gold, jewels, and valuable items. It was their treasure.

But Max and his family realized that the true treasure was their shared experience, adventure, and the love they had for each other. They didn't need millions of jewels to be happy.

They returned to their cheese shop, and the map was framed and hung on the wall as a memento of their incredible adventure. Max and his family were now more united than ever, ready to face any new adventure that awaited them.

And so, little Max and his family learned that treasures don't always have to be material, and true wealth lies in love, friendship, and the moments spent together with loved ones.

Wielka Przygoda Maleńkiego Krasnala

Był sobie mały krasnal o imieniu Ignacy. Ignacy mieszkał w magicznym lesie, gdzie wszystko było kolorowe i pełne życia. Jego domkiem był starodrzew, którego korzenie były zaklęte w niezliczone plątaniny.

Ignacy był niezwykle ciekawy świata i uwielbiał odkrywać nowe rzeczy. Jego przyjaciele nazywali go "Maleńki Odkrywca", bo zawsze odnajdywał niesamowite skarby i ukryte miejsca w lesie.

Pewnego dnia, kiedy słońce wznosiło się na niebie, Ignacy postanowił wyruszyć na swoją największą przygodę. Usiadł na liściu i rozwinął mapę, którą znalazł w skrzyni starego sowy. Na mapie były zaznaczone różne miejsca, ale Ignacy był zainteresowany jednym szczególnym - Wodospadem Srebrzystych Kryształów.

Wodospad ten był ukryty głęboko w lesie, a nikt z krasnali jeszcze go nie odnalazł. Ignacy miał pewne przeczucie, że to miejsce pełne jest magii i skarbów. Zaprzągł swojego wiernego jeża o imieniu Kłatek do małego wózka i wyruszył w drogę.

Podążając za wskazówkami na mapie, Ignacy odkrył tajemniczy kamień, który świecił w mroku. To był kamień Mądrości, który pomógł mu znaleźć właściwą ścieżkę. Wkrótce doszedł do skalnych wrót, za którymi czekało niezwykłe przejście.

Po przejściu przez wrota, Ignacy znalazł się w Krainie Kryształowego Blasku. Było to miejsce pełne świecących kryształów, które odbijały promienie słońca, tworząc bajeczny krajobraz.

Znajdując się przed Wodospadem Srebrzystych Kryształów, Ignacy był pod wrażeniem jego piękna i majestatu. Woda spływała w dół, odbijając się od kryształów, co sprawiało, że cały wodospad mienił się różnymi barwami.

Ignacy zbadał każdy zakamarek Krainy Kryształowego Blasku, odkrywając magiczne kryształy i skarby, które pozostali krasnale zostawili tam wiele lat temu.

W jednym z zakątków krainy, Ignacy znalazł starożytną, zakurzoną księgę, w której zapisane były tajemnice i czary dawnych krasnali. Postanowił ją wziąć ze sobą, aby dowiedzieć się więcej o magii tego miejsca.

Gdy nadszedł wieczór, Ignacy wrócił do swojego domku w starodrzewie. Opowiedział wszystkim o swojej przygodzie i pokazał skarby, które odnalazł. Całe królestwo krasnali słuchało z wypiekami na twarzach.

Od tego czasu, Ignacy stał się bohaterem krasnali. Wszyscy nazywali go "Wielkim Odkrywcą", a Kraina Kryształowego Blasku stała się najczęstszym miejscem wypraw dla wszystkich krasnali.

I tak, Ignacy i jego przyjaciele żyli szczęśliwie, odkrywając razem magiczne zakątki w lesie, pełne tajemnic i skarbów. Każdego dnia było nową przygodą, a wszystko to dzięki małemu krasnoludkowi, który miał wielkie serce i niezłomną odwagę.

37

The Great Adventure of the Tiny Gnome

There was a little gnome named Ignatius. Ignatius lived in a magical forest, where everything was colorful and full of life. His home was an ancient tree, with roots entwined in countless patterns.

Ignatius was incredibly curious about the world and loved to discover new things. His friends called him the "Tiny Explorer" because he always found amazing treasures and hidden places in the forest.

One day, when the sun was rising in the sky, Ignatius decided to embark on his greatest adventure yet. He sat on a leaf and unfolded a map he found in an old owl's chest. The map had various marked locations, but Ignatius was particularly interested in one - the Silver Crystal Waterfall.

This waterfall was hidden deep in the forest, and no gnome had discovered it yet. Ignatius had a hunch that the place was full of magic and treasures. He harnessed his loyal hedgehog named Spike to a small cart and set off on his journey.

Following the clues on the map, Ignatius discovered a mysterious stone that glowed in the dark. It was the Wisdom Stone, which helped him find the right path. Soon, he arrived at rocky gates, behind which awaited an extraordinary passage.

After passing through the gates, Ignatius found himself in the Land of Crystal Radiance. It was a place full of glowing crystals that reflected the sun's rays, creating a magical landscape.

Standing before the Silver Crystal Waterfall, Ignatius was in awe of its beauty and majesty. The water cascaded down, bouncing off the crystals, making the entire waterfall shimmer with various colors.

Ignatius explored every nook of the Land of Crystal Radiance, discovering magical crystals and treasures left behind by other gnomes from long ago.

In one corner of the land, Ignatius found an ancient, dusty book that contained secrets and spells of ancient gnomes. He decided to take it with him to learn more about the magic of this place.

As evening approached, Ignatius returned to his home in the ancient tree. He shared his adventure with everyone and showed the treasures he found. The entire gnome kingdom listened with excitement.

From that day on, Ignatius became a gnome hero. Everyone called him the "Great Explorer," and the Land of Crystal Radiance became the most popular destination for all the gnomes' expeditions.

And so, Ignatius and his friends lived happily, exploring magical corners of the forest, full of mysteries and treasures. Each day was a new adventure, all thanks to the little gnome with a big heart and unwavering courage.

Niesamowita Podróż Małego Marudzika

Był sobie mały chłopiec o imieniu Tymek. Tymek miał piękne niebieskie oczy i złote włosy, ale miał również mały problem - był wielkim marudzikiem. Wydawało się, że zawsze znajdował coś, na co mógł narzekać. Zawsze było za gorąco, za zimno, za mokro, za nudno...

Jednego dnia, gdy słońce świeciło pięknie, Tymek marudził na nudę. Siedział w swoim pokoju, narzekając na to, że nie ma nic do roboty. Wtem pojawiła się dziwna postać. Była to staruszka o imieniu Pani Cierpliwość.

"Pewnie znowu jesteś znudzony i marudzisz?" powiedziała Pani Cierpliwość z uśmiechem.

Tymek kiwnął głową i powiedział, "Tak, nic się nie dzieje, a ja jestem bardzo znudzony."

Pani Cierpliwość uśmiechnęła się jeszcze szerzej. "Masz szczęście, mój chłopczyku. Mam coś specjalnego dla takich, jak ty - magiczną książkę przygód!"

Wyciągnęła starą, zaczarowaną książkę i podarowała ją Tymkowi. "Ta książka zabierze cię w niesamowitą podróż przez magiczne krainy. Tam czekają na ciebie przygody, które rozgrzeją twoje serce i uciszą twój marudny głos."

Tymek był ciekaw. Otworzył książkę i natychmiast znalazł się na brzegu tęczowego jeziora. Na jego łóżku wylądował latający dywan, który zaprosił go na podróż.

Wsiadł na dywan i od razu zabrał go w magiczną podróż. Przemierzał fantastyczne krainy, spotykał przyjaznych smoków, rozmawiał z magicznymi stworzeniami i odkrywał skarby w ukrytych jaskiniach.

W trakcie podróży, Tymek odkrył, że nie można narzekać na nudę, gdy świat jest pełen niespodzianek i przygód. Zrozumiał, że czasem wystarczy spojrzeć wokół siebie, aby znaleźć fascynujące rzeczy do zrobienia.

Po wielu dniach i tygodniach pełnych przygód, Tymek wrócił do domu. Był zmęczony, ale pełen radości. Pani Cierpliwość powitała go z uśmiechem.

"Czy teraz wiesz, że życie jest pełne przygód, nawet jeśli wydaje się nudne?" zapytała.

Tymek uśmiechnął się szeroko. "Tak, teraz wiem! Dzięki magicznej książce odkryłem, że każdy dzień może być niesamowitą przygodą."

Od tego dnia, Tymek przestał marudzić na nudę. Zamiast tego, dzielił się swoimi przygodami z rodzeństwem i przyjaciółmi. Wszyscy uwielbiali słuchać jego opowieści i dzięki temu, że przestał narzekać, stał się prawdziwym bohaterem w swoim rodzinnym domu.

A Pani Cierpliwość? Nadal przemierzała świat, pomagając innym małym marudzikom odnaleźć radość w codziennych przygodach. Jej magiczna książka była zawsze gotowa otworzyć drzwi do niesamowitych krain i odkryć w dzieciach ukryte skarby przygody.

43

The Incredible Journey of Little Whiner

Once upon a time, there was a little boy named Tim. Tim had beautiful blue eyes and golden hair, but he had a small problem - he was a big whiner. It seemed like he always found something to complain about. It was too hot, too cold, too wet, too boring...

One day, when the sun was shining brightly, Tim was whining about being bored. He sat in his room, complaining that there was nothing to do. Suddenly, a strange figure appeared. It was an old lady named Mrs. Patience.

"Are you bored and whining again?" Mrs. Patience said with a smile.

Tim nodded and said, "Yes, there's nothing happening, and I'm very bored."

Mrs. Patience smiled even wider. "You're in luck, my boy. I have something special for kids like you - a magical book of adventures!"

She pulled out an old, enchanted book and gave it to Tim. "This book will take you on an incredible journey through magical lands. There, adventures await you that will warm your heart and silence your whiny voice."

Tim was curious. He opened the book and immediately found himself on the shore of a rainbow lake. On his bed landed a flying carpet, inviting him on a journey.

He hopped on the carpet, and it immediately took him on a magical journey. He traveled through fantastic lands, met friendly dragons, talked to magical creatures, and discovered treasures in hidden caves.

During his journey, Tim realized that there's no reason to complain about boredom when the world is full of surprises and adventures. He understood that sometimes all it takes is to look around to find fascinating things to do.

After many days and weeks filled with adventures, Tim returned home. He was tired but filled with joy. Mrs. Patience welcomed him with a smile.

"Do you now know that life is full of adventures, even when it seems boring?" she asked.

Tim smiled broadly. "Yes, now I know! Thanks to the magical book, I discovered that every day can be an incredible adventure."

From that day on, Tim stopped whining about boredom. Instead, he shared his adventures with his siblings and friends. Everyone loved listening to his stories, and by stopping his whining, he became a true hero in his family home.

As for Mrs. Patience? She continued to travel the world, helping other little whiners find joy in everyday adventures. Her magical book was always ready to open doors to incredible lands and discover the hidden treasures of adventure in children's hearts.

Mała Księżniczka Złotego Ogrodu

Dawno, dawno temu, w krainie pełnej magii, żyła mała księżniczka o imieniu Alicja. Alicja mieszkała w pięknym zamku otoczonym ogrodem, gdzie rośliny śpiewały, a zwierzęta mówiły ludzkim głosem. To był Złoty Ogród, najcudowniejsze miejsce w całej krainie.

Księżniczka Alicja była wyjątkowa, ponieważ miała dar rozmawiania z roślinami i zwierzętami. Spędzała większość swojego czasu na zabawie i przygodach wraz z nimi. Wspólnie tańczyli w rytm muzyki wiatru i śpiewu ptaków.

Pewnego dnia, gdy słońce pięknie świeciło na niebie, Alicja usłyszała smutny głos drzewa cienia. Drzewo opowiadało o magicznej lampie ukrytej w dalekim labiryncie. Mówiło, że ta lampa spełnia każde życzenie.

Z podekscytowaniem, Alicja postanowiła odnaleźć tę magiczną lampę i spełnić swoje największe marzenie. Zwróciła się do swoich wiernych przyjaciół – Kropelki Rosy, Książęcej Motylarni i Roztańczonej Róży – o pomoc w tej wyjątkowej wyprawie.

Wraz z przyjaciółmi Alicja ruszyła w drogę przez malowniczy Złoty Ogród, gdzie wokół nich kwitły kolorowe kwiaty i unosiły się zapachy słodkich owoców. Śpiew ptaków towarzyszył im na każdym kroku.

Przemierzając magiczne aleje ogrodu, przyszedł czas na wejście do labiryntu. Wszyscy trzymali się za ręce, aby się nie zgubić. Ale labirynt był intrygujący i pełen ukrytych ścieżek.

W końcu, po wielu zakrętach, znaleźli się przed pięknym stawem, a w środku stała lampa z trzema złotymi pierścieniami. To była Lampa Życzeń.

Alicja wzięła lampę w dłonie i pomyślała o swoim największym marzeniu – chciała, aby Złoty Ogród był jeszcze piękniejszy i pełen radości. A gdy dmuchnęła w lampę, spełniło się to życzenie.

Ogród zaświecił jeszcze jaśniejszym blaskiem, a kwiaty nabrały jeszcze bardziej intensywnych kolorów. Drzewa rozpoczęły nowy taniec, a zwierzęta zaczęły śpiewać pięknymi melodiami.

Od tego czasu, Złoty Ogród stał się jeszcze bardziej magiczny i zachwycał każdego, kto go odwiedzał. Księżniczka Alicja i jej przyjaciele cieszyli się z spełnienia marzeń i szczęśliwie spędzali czas w tym cudownym miejscu.

I tak, Alicja i jej przyjaciele żyli długo i szczęśliwie w Złotym Ogrodzie, pełnym magii i piękna. Ich przygody były jak z bajki, a lampa Życzeń pozostawała ukryta, gotowa spełnić marzenia każdego, kto odważył się ją odnaleźć.

The Little Princess of the Golden Garden

Long, long ago, in a land full of magic, there lived a little princess named Alice. Alice lived in a beautiful castle surrounded by a garden where plants sang, and animals spoke in human voices. It was the Golden Garden, the most wondrous place in the entire land.

Princess Alice was special because she had the gift of communicating with plants and animals. She spent most of her time playing and adventuring with them. Together, they danced to the rhythm of the wind and the songs of birds.

One day, when the sun was shining brightly in the sky, Alice heard a sad voice coming from the shadow tree. The tree spoke of a magical lamp hidden in a distant labyrinth. It said that the lamp could grant any wish.

Excitedly, Alice decided to find this magical lamp and make her greatest wish come true. She turned to her loyal friends – Dewdrops, the Royal Butterfly, and Dancing Rose – for help on this extraordinary journey.

Together with her friends, Alice set off through the picturesque Golden Garden, where colorful flowers bloomed all around them, and the sweet scent of fruits filled the air. The singing of birds accompanied them at every step.

As they journeyed through the magical garden, it was time to enter the labyrinth. They all held hands to not get lost. But the labyrinth was intriguing, full of hidden paths.

Finally, after many twists and turns, they found themselves before a beautiful pond, in the center of which stood the lamp with three golden rings. It was the Lamp of Wishes.

Alice took the lamp in her hands and thought of her greatest wish – she wanted the Golden Garden to be even more beautiful and filled with joy. And when she blew into the lamp, her wish came true.

The garden lit up with an even brighter glow, and the flowers took on even more vibrant colors. The trees began a new dance, and the animals started singing beautiful melodies.

From that moment on, the Golden Garden became even more magical and enchanted anyone who visited it. Princess Alice and her friends enjoyed the fulfillment of their wishes and happily spent time in this wondrous place.

And so, Alice and her friends lived happily ever after in the Golden Garden, full of magic and beauty. Their adventures were like a fairy tale, and the Lamp of Wishes remained hidden, ready to fulfill the dreams of anyone brave enough to find it.

Skrzat Smiałek i Tajemnica Ukrytego Skarbu

Była sobie mała wioska w lesie, w której mieszkał skrzat o imieniu Smiałek. Skrzat Smiałek miał okrągłe, czerwone policzki i nieustannie uśmiech na twarzy. Był najbardziej odważnym skrzatem w całym lesie i zawsze gotów na nową przygodę.

Pewnego dnia, podczas swojej codziennej przechadzki po lesie, Smiałek natknął się na starą, zakurzoną mapę. Mapa przedstawiała labirynt pełen tajemnic i ukrytych skarbów. Serce skrzata Smiałka zapełniło się podekscytowaniem, a oczy jaśniały radością.

Postanowił, że to będzie jego największa przygoda. Zawołał swojego najlepszego przyjaciela, sarenkę Imbię, aby razem wyruszyć w poszukiwaniu ukrytego skarbu.

Smiałek i Imbia podążali za wskazówkami na mapie. Ich droga wiodła przez gęsty las, w którym drzewa ukrywały sekrety, a ptaki śpiewały czarodziejskie pieśni.

W końcu dotarli do wejścia do tajemniczego labiryntu. Wszędzie wokół nich były wysokie ściany krzewów i dziesiątki ścieżek prowadzących w różne strony. Ale Smiałek nie był zrażony. Otworzył mapę i zaczęli wspólnie szukać właściwej drogi.

Podczas swojej podróży napotkali na wiele wyzwań. Przeszli przez mostki nad rwącymi rzekami, pokonali strumienie, a nawet spotkali małych krasnoludków, którzy ukrywali się w ścianach labiryntu.

Kiedy już myśleli, że się zgubili, zobaczyli przed sobą starożytną bramę, na której klamka miała kształt sowy. Wiedzieli, że skarb jest już blisko.

Otworzyli bramę i znaleźli się przed ogromnym drzewem, którego korony sięgały nieba. Wśród gałęzi drzewa, jak na dłoni, widniał tajemniczy skrzatyczek o imieniu Żywiołek.

Żywiołek opowiedział Smiałkowi i Imbii o ukrytym skarbie, który był ukryty w sercu drzewa. To był skarb natury, w którym skrywała się moc, która dawała życie lasowi.

Smiałek i Imbia byli zdumieni. Wiedzieli, że skarb nie był dla nich, ale dla całego lasu. Zrozumieli, że prawdziwy skarb to przyroda i magiczne życie, które otaczało ich na co dzień.

Od tego czasu Smiałek i Imbia wciąż wspólnie eksplorowali las, pielęgnując i chroniąc wszystkie jego skarby. Byli najszczęśliwszymi skrzatami w lesie, ponieważ mieli przyjaciół i darzyli las miłością i szacunkiem.

I tak, mały skrzat Smiałek i jego przyjaciółka, sarenka Imbia, nauczyli wszystkich, że prawdziwe skarby nie są zawsze złotem i klejnotami, ale tkwią w miłości do natury i wszystkich istot, które ją zamieszkują.

Fearless the Sprite and the Secret of the Hidden Treasure

Once upon a time, in a small village in the forest, there lived a sprite named Fearless. Fearless had round, red cheeks, and a constant smile on his face. He was the bravest sprite in the entire forest, always ready for a new adventure.

One day, during his daily walk in the forest, Fearless stumbled upon an old, dusty map. The map depicted a labyrinth full of secrets and hidden treasures. The sprite's heart filled with excitement, and his eyes sparkled with joy.

He decided that this would be his greatest adventure yet. He called for his best friend, a deer named Imbia, to join him on the quest for the hidden treasure.

Fearless and Imbia followed the clues on the map. Their path led through dense woods, where trees hid secrets, and birds sang magical songs.

Finally, they reached the entrance to the mysterious labyrinth. Tall walls of bushes surrounded them, with dozens of paths leading in different directions. But Fearless was not discouraged. He opened the map, and together, they began to search for the right way.

During their journey, they faced many challenges. They crossed bridges over rushing rivers, navigated through streams, and even encountered little gnomes hiding within the labyrinth walls.

Just when they thought they were lost, they saw an ancient gate with a doorknob shaped like an owl. They knew the treasure was close.

They opened the gate and found themselves before a massive tree, its crown reaching towards the sky. Amongst the tree branches, as if it were waiting for them, stood a mysterious sprite named Element.

Element told Fearless and Imbia about the hidden treasure, concealed within the heart of the tree. It was the treasure of nature, containing the power that gave life to the entire forest.

Fearless and Imbia were amazed. They knew the treasure was not meant for them but for the whole forest. They understood that the real treasure was nature and the magical life that surrounded them every day.

From that moment on, Fearless and Imbia continued to explore the forest together, nurturing and protecting all its treasures. They became the happiest sprites in the forest because they had each other and cherished the forest with love and respect.

And so, the little sprite Fearless and his deer friend Imbia taught everyone that true treasures are not always gold and jewels but lie in the love for nature and all the creatures that inhabit it.

Wielka Wyprawa Królika Artura

Była sobie mała wioska, gdzie mieszkało wiele zwierzątek. Wśród nich był królik o imieniu Artur. Artur miał białe futerko i wielkie, ciekawskie oczy. Był to skrzat pełen energii i marzący o wielkiej przygodzie.

Pewnego ranka, kiedy słońce wzeszło na niebie, Artur postanowił wyruszyć w wielką wyprawę. Zabrał ze sobą plecak z jedzeniem i mapę, którą znalazł w starej skrzyni na strychu.

Mapa przedstawiała tajemniczy las, pełen ukrytych ścieżek i zagadek. Artur był pewien, że to miejsce skrywa niezwykłe skarby. Była to jego szansa, by spełnić swoje marzenie o wielkiej przygodzie.

Wędrował przez las przez wiele dni, odkrywając nowe miejsca i spotykając ciekawych przyjaciół. W lesie spotkał mądrego borsuka, który podzielił się z nim wskazówkami na temat drogi. Artur nauczył się, że czasami warto zapytać o pomoc.

Podążając za mapą, Artur trafił do ukrytej jaskini. W jaskini odkrył magiczne źródło, które świeciło na czerwono, zielono i niebiesko. Był to magiczny źródłomierz, który miał pokazać drogę do skarbu.

Źródłomierz zaprowadził Artura do starej, zapomnianej świątyni. W środku znalazł wielką, złotą klatkę z zamkniętym skarbem. Ale na klucz do klatki musiał odpowiedzieć na trzy zagadki, by udowodnić swoją odwagę i mądrość.

Pierwsza zagadka brzmiała: "Kto ma dwie uszy, ale nie słyszy?" Artur długo myślał i odpowiedział: "To jest kubek!"

Druga zagadka była trudniejsza: "Co ma korzenie na górze, a liście na dole?" Artur zastanawiał się i odpowiedział: "To jest drzewo!"

Ostatnia zagadka brzmiała: "Co jest większe od ziarna piasku, ale mniejsze od galaktyki?" Artur przemyślał odpowiedź i odpowiedział: "To jest myśl!"

Klatka otworzyła się, a skarb okazał się być książką, która opowiadała o niesamowitych przygodach bohaterów. Artur zrozumiał, że największym skarbem była sama wyprawa i nauka, jaką zdobył na swojej drodze.

Z radością wrócił do wioski i opowiedział wszystkim o swojej przygodzie. Mieszkańcy wioski byli pod wrażeniem odwagi i mądrości małego królika.

Od tej pory Artur wciąż wyruszał na nowe wyprawy, ale teraz w towarzystwie swoich przyjaciół z wioski. Razem odkrywali tajemnice i skarby, dzieląc się radością i przyjaźnią.

I tak, królik Artur nauczył się, że prawdziwy skarb to odwaga, mądrość i przyjaźń, które nosił w swoim sercu.

Rabbit Arthur's Grand Adventure

Once upon a time, in a small village, there lived many little animals. Among them was a rabbit named Arthur. Arthur had white fur and big, curious eyes. He was a sprite full of energy and dreaming of a grand adventure.

One morning, when the sun rose in the sky, Arthur decided to set off on a great expedition. He packed his backpack with food and a map he found in an old chest in the attic.

The map depicted a mysterious forest, full of hidden paths and riddles. Arthur was sure that this place held extraordinary treasures. It was his chance to fulfill his dream of a grand adventure.

He wandered through the forest for many days, discovering new places and meeting interesting friends. In the forest, he encountered a wise badger who shared some directions with him. Arthur learned that sometimes it's worth asking for help.

Following the map, Arthur arrived at a hidden cave. Inside the cave, he discovered a magical spring that glowed in red, green, and blue. It was a magical spring meter that would show him the way to the treasure.

The spring meter led Arthur to an old, forgotten temple. Inside, he found a big, golden cage with the treasure locked inside. But to unlock the cage, he had to answer three riddles to prove his courage and wisdom.

The first riddle was: "Who has two ears but cannot hear?" Arthur thought for a long time and answered, "It's a cup!"

The second riddle was trickier: "What has roots at the top and leaves at the bottom?" Arthur pondered and answered, "It's a tree!"

The last riddle was: "What is bigger than a grain of sand but smaller than a galaxy?" Arthur contemplated and replied, "It's a thought!"

The cage opened, and the treasure turned out to be a book that told incredible adventures of heroes. Arthur understood that the true treasure was the journey itself and the knowledge he gained along the way.

With joy, he returned to the village and shared his adventure with everyone. The villagers were impressed by the courage and wisdom of the little rabbit.

From that moment on, Arthur continued to embark on new expeditions, but now accompanied by his friends from the village. Together, they uncovered secrets and treasures, sharing joy and friendship.

And so, Rabbit Arthur learned that the true treasure was courage, wisdom, and friendship, which he carried in his heart.